Sauvage

MORTAIN

PENDANT LA TERREUR

IV. — Le Général DE VIÉVAL

V. — CHARLES DE LA ROQUE DE CAHAN

VI. — LÉONOR-AMAND-CONSTANS D'AMPHERNET

Par Hipp. SAUVAGE

AVRANCHES

IMPRIMERIE TYPOGRAPHIQUE ET LITHOGRAPHIQUE DE JULES DURAND

RUES BOUDRIE, 2, ET QUATRE-ŒUFS, 24

—

1899

(A)

MORTAIN

PENDANT LA TERREUR

IV. — Le Général DE VIÉVAL

V. — CHARLES DE LA ROQUE DE CAHAN

VI. — LÉONOR-AMAND-CONSTANS D'AMPHERNET

Par Hipp. SAUVAGE

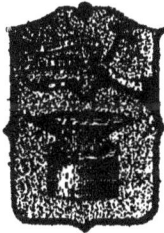

AVRANCHES

IMPRIMERIE TYPOGRAPHIQUE ET LITHOGRAPHIQUE DE JULES DURAND

RUES BOUDRIE, 2, ET QUATRE-ŒUFS, 24

—

1899

V

MORTAIN PENDANT LA TERREUR

IV

LE GÉNÉRAL GEORGES DE VIÉVAL

———————

Les Jacobins de Mortain paraissent avoir été complètement étrangers au procès de Georges Le Bensais de Viéval ; du moins, dans les deux dossiers (1) qui concernent ce vieil officier des armées Française et Polonaise, il n'est question que des procédures instruites à Paris contre lui par le Comité révolutionnaire de la section du Muséum. Si les comités de Mortain avaient eu à s'occuper de cette affaire, ils n'eussent pas commis les erreurs de noms et d'orthographes qui sont multiples même dans le jugement de condamnation à mort qui fut rendu contre leur compatriote. En effet, les noms de l'accusé sont défigurés et transformés dans les divers actes, tantôt en celui de *Le Biensais de Wiesval*, tantôt en *Bansay, dit Viesvalle*, tandis que sa véritable dénomination patronymique était Le Bensais de Viéval. De plus, les mêmes pièces le font naître au *Roché*, ou au *Rochet*, district d'Avranches, alors qu'il s'agit du Rocher, l'un des faubourgs de la ville de Mortain. Enfin, on y donne à ce vieillard la qualification de *ci-devant* et *d'ex-noble*, quand à Mortain, on eût sans nul doute protesté contre ce titre, puisque la famille Le Bensais, originaire, croyons nous, de la paroisse de Heussé, n'a

———————

(1) Archives Nationales. Tribunal Révolutionnaire. Wib. 358 — 753.

jamais figuré dans une seule des Réformes de la noblesse opérées à diverses périodes dans le bailliage de Mortain, et encore moins aux listes des Etats-Généraux de 1789, où elle eût pu se faire représenter, même par mandataire.

Georges Le Bensais de Viéval naquit au Rocher, le 24 février 1718, dans la maison que vendit (1) son fils Casimir-Jean-Clément-Michel-Cajetan-Stanislas-Georges, qui était celle de sa famille, et qu'habitèrent jusqu'à leurs morts ses deux tantes, Mlles de Viéval (2).

Incorporé d'abord dans les Mousquetaires de la garde du roi Louis XV, il entra ensuite comme officier dans le Royal-Allemand cavalerie et fut attaché à la suite de ce régiment, avec le grade de lieutenant-colonel. Ce fut en cette qualité qu'il prit part à la guerre de Sept ans, et assista aux batailles de Crefeld, de Rosbach et de Minden, qui furent des défaites (1757 et 1759), puis à la victoire du maréchal de Broglie à Bergen, (1759). Sa belle conduite dans ces rencontres lui mérita la croix de Saint Louis, dont le brevet original, daté de Versailles, le 2 juillet 1759, est conçu dans ces termes :

« M. Georges Le Bensais de Wiéval, vous ayant associé à
» l'ordre militaire de Saint Louis, je vous écris cette lettre pour
» vous dire que j'ai commis le sieur comte de la Serre, lieute-
» nant-général en mes armées, gouverneur général des Invalides
» et grand-croix de l'ordre, pour vous recevoir et admettre à
» la dignité de chevalier de Saint Louis. Mon intention est que
» vous vous adressiez à lui pour prêter entre ses mains le
» serment que vous êtes tenu faire en ladite qualité de chevalier

---

(1) L'acquéreur, Georges Leverdays, ancien officier de marine, en faisant opérer dans la cuisine de cette maison d'importantes réparations, y trouva plusieurs sacs d'écus de 3 et de 6 livres, cachés derrière la plaque de la cheminée.

(2) L'une d'elles, Marie-Anne, décéda à Mortain, le 2 juillet 1809. Elle était fille de Julien et d'Adrienne-Anne Heuzé, sœur probablement de Heuzé de Champoré, médecin du duc d'Orléans et des épidémies de Mortain. Mlle de Viéval était plus jeune de 27 ans environ que son frère, ce qui ferait supposer qu'elle était née d'un deuxième mariage.

» dudit ordre et recevoir de luy l'accolade et la croix. » — *Signé :* Louis (1).

Sans aucun doute de Viéval avait dû recevoir quelque grave blessure dans l'une des rencontres que nous venons d'indiquer. Ramené en France, il fut certainement soigné aux Invalides, et le roi voulut assurément donner un certain éclat à la céré-monie de la remise des décorations qu'il s'empressa de distri-buer aux vaillants officiers de l'armée. Son choix pour leur remise se porta sur le gouverneur de cet hôtel.

Peu après, le lieutenant-colonel était promu mestre de camp de cavalerie (2) ; mais il quittait bientôt l'armée Française pour prendre du service en Pologne, où déjà précédemment, dès l'année 1755, il était allé en mission (3). Sans abandonner sa qualité de Français, il était admis comme général auditeur (4), dans le corps d'armée du Grand Duché de Lithuanie, aux appointements de 6.000 livres par an. Il devenait même l'aide de camp du prince Michel-Casimir de Radzivill, comme nous l'apprend une lettre du prince de Rohan (5). Le prince avait daigné d'accepter d'être le parrain de l'un des petits enfants de de Viéval. Du reste le général avait été imité par ses deux fils, dont l'un était colonel Polonais.

Nous pourrions dire que nous avons vu cent fois le portrait miniature sur ivoire du général de Viéval. Il faisait l'ornement de la cheminée de sa petite-fille, Mlle Marie-Françoise-Joséphine de Viéval (6), née à Munich, le 28 juin 1784, et décédée à Mortain, le 1er janvier 1857. La tête, très reposée, a un certain air de gravité ; les cheveux tout blancs, sont roulés à droite et à

---

(1) Archives Nationales. Wib 358 — 753. n° 5 du dossier.

(2) Ce grade militaire correspondait à celui de colonel.

(3) Arch. Nation. Wib 358 — 753, nos 8 et 9 du dossier.

(4) Nous pensons que le rang de général auditeur signifiait ou général d'état-major, ou de général à la suite d'un corps d'armée.

(5) « J'ay été fort aise d'apprendre par votre lettre, Monsieur de Viéval, que vous êtes connu de M. le prince de Radziwill et que vous lui avez été attaché en qualité d'aide de camp, etc., etc. Signé le prince de Rohan, arch. nat., n° 7 du dossier.

(6) Elle avait eu deux frères qui partirent en 1812, pour la campagne de Russie : ils y périrent dans la débâcle de la Bérézina ; jamais on n'en eut de nouvelles.

gauche sur les tempes, et sur la nuque repose une bourse ou couette enveloppée d'un ruban noir. Le costume est de drap blanc, avec col et parements des manches rouges. Vu de profil et du côté droit, on n'aperçoit qu'un fragment de la rosette de la croix de Saint Louis. Nous avons revu plus tard ce portrait au château des Fougerets, à Perriers-en-Beaufficel. Il doit être aujourd'hui en possession d'une famille qui n'a connu, ni Mlle de Viéval, ni les siens, et qui ignore encore plus ce que fut le rave général de Viéval.

Après l'accomplissement de la Révolution et des divers partages de la Pologne, de Viéval et ses fils se retirèrent, le premier à Léapol (1), dans la Galicie Autrichienne, non loin de Vienne, les autres à Munich, en Bavière. Puis ils vinrent tous en France, vers 1790, pour y voir celui-ci ses sœurs, ceux-là leurs tantes. Mais les fils retournèrent quelques semaines après reprendre leur situation, tandis que leur père resta à Paris, dans le but d'y obtenir et d'y faire liquider une retraite, basée sur plus de quarante années de services militaires.

Grâce à de brillantes relations, qui plus tard lui furent reprochées et qui furent plutôt compromettantes pour lui, avec le maréchal duc de Broglie, son ancien chef, devenu ministre de la guerre, en 1789, le comte de Vergennes, ministre des affaires étrangères, le cardinal de Bernis, le comte de Durfort, le marquis de Paulmier, ambassadeur de Pologne, le prince de Rohan, le comte Sutton de Clonard, le général avait pu déjà recevoir une gratification de 1.200 livres sur le trésor, par ampliation, datée de Versailles, le 27 avril 1775 (2). On lui laissait espérer un traitement fixe de 2.200 livres, comme récompense de ce qu'il avait tout sacrifié pour le service de l'Etat, auquel il avait toujours montré le zèle le plus ardent (3). Il ne perdait pas l'espoir et la solution paraissait prochaine, lorsqu'il reçut la lettre suivante du ministère de la guerre :

---

(1) Il y était en mars 1785, et Mme de Viéval lui écrivait d'une grosse écriture semblable à celle d'un apprenti écolier, en signant *votre femme*. Arch. Nat., n° 10.

(2) Arch. Nat. Wib 358 — 753. N° 3 du dossier.

(3) Arch. Nat. Wib 358 — 753. N° 4 du dossier.

« Paris, le 30 septembre 1791. — Il est nécessaire, Monsieur,
» pour faire le rapport sur les pensions dont je suis chargé,
» que vous me fassiez passer le certificat original qui vous a été
» donné par M. de Broglie, daté de Paris 3 avril 1781, afin
» qu'il vienne à l'appui de votre mémoire, etc. N° 1.055

» Le Directeur de la liquidation générale. *Signé* : DUFRESNE
» SAINT LÈON (1) ».

Enfin, cette retraite lui fut liquidée ; elle ne fut que de 600
livres seulement, d'après les propres déclarations que fit de
Viéval, lors de son arrestation.

Installé seul, rue du Four, au faubourg Saint-Germain, il
habitait tranquillement chez Domingo, en chambre garnie,
lorsque le 4 germinal an 2 (24 mars 1794), les citoyens Coffin,
tapissier, et Gervais, gendarme, l'appréhendèrent au corps et
l'amenèrent devant le Comité révolutionnaire de la section du
Muséum. Le motif de cette arrestation était qu'ils avaient
reconnu en lui un ancien chevalier de Saint Louis, un ci-devant
noble, et le prétexte de leur détermination qu'il avait contracté
des dettes au café de la Municipalité, quai de l'Ecole. En outre,
ils affirmaient qu'il avait eu un fils, ci-devant mousquetaire,
dont il était *intéressant*, disaient-ils, de savoir la résidence
actuelle (2).

Ces procédés étaient tout au moins étranges. Il était invrai-
semblable qu'avec son caractère d'honorabilité de Viéval pût
penser à faire des dupes dans un café ; de plus aucun des
documents du procès n'établit en rien qu'il eut refusé de payer
les dépenses qu'il pouvait avoir faites, mais les hommes d'un
zèle intempestif agissaient ainsi journellement. Et le Comité
révolutionnaire, pour y répondre, rendit sur le champ une
ordonnance de perquisition domiciliaire, d'apposition de scellés
et de constitution de prisonnier.

La perquisition amena la saisie d'une quinzaine de pièces,
entre lesquelles un brevet de Saint Louis. Quant à sa croix, de
Viéval déclara qu'elle s'était trouvée égarée après la mort d'un
joaillier, demeurant rue du Roule, auquel il l'avait confiée pour
une réparation : elle avait disparu.

---

(1) Arch. Nat. Wib 358 — 753. N° 2 du dossier.
(2) Arch. Nat. Wib 358 — 753. N° 14 du dossier.

Le juge d'instruction, Charles Bravet, procéda à son interrogatoire, le 14 avril 1794.

Fouquier-Tinville prépara alors son réquisitoire, le 3 mai suivant, et dans cet acte d'accusation, qui a 14 pages in-folio, bien qu'il n'y eût aucune connexité entre les divers accusés, au nombre de neuf, et qui pour la plupart ne se connaissaient même pas, il engloba : 1° Claude-Antoine-Clériadus duc de Choiseul de La Beaume, ancien lieutenant-général ; 2° du Tailly ; 3° Monniotte ; 4° Le Bègue d'Oyseville ; 5° Le Bègue de Bois (tous les deux étaient frères) ; 6° Mainvielle ; 7° de Viesval ; 8° le comte de Levis et 9° Martin.

En ce qui regardait de Viéval, Fouquier formulait ainsi ses accusations :

« De Viesval, qui prétend avoir servi en Pologne, est aussi
» l'ennemi de la République Française. On ne peut douter
» qu'il n'ait fait émigrer ses deux fils pour porter les armes
» contre la nation en faveur du despotisme. Il prétend, à la
» vérité, qu'ils ont toujours demeuré en Pologne, mais en 1791
» ils sont rentrés en France pour émigrer et aller se réunir
» aux conspirateurs et aux assassins de la Patrie. Une lettre de
» l'un d'eux ne laisse aucun doute à cet égard. Il en résulte
» que ce fils est sur la frontière, près son frère. « La personne,
» dit-il, dont vous désirez savoir des nouvelles doit être près
» de Francfort. » Cette lettre est donc écrite des Brabants, ce
» qui prouve qu'il était réuni avec son frère à la cour de
» Coblentz et de Bruxelles. »

Le fait est que les lettres relatées à l'acte d'accusation y étaient reproduites d'une façon exacte et conforme aux originaux (1).

Du Château défendit de Viéval.

Tous les neuf accusés furent déclarés coupables et complices de conspiration et de complots contre l'Etat.

---

(1) Voir notamment au dossier criminel la lettre n° 13.

Archives nationales. Tribunaux révolutionnaires. Carton Wib 358-753. 18 pièces.

Bulletin du Tribunal Révolutionnaire, par Clément.

M. Sarot. La Terreur dans le département de la Manche. Coutances, 1877, p. 136.

Tous furent condamnés à mort le 15 floréal an 2 (4 mai 1794), et le jugement dut être mis à exécution dans les 24 heures. René Dumas remplissait les fonctions de président, Etienne Foucault et Etienne Masson, celles de juges.

Trente-six années après cet événement, le roi Charles X, vers le milieu du mois de juillet 1830, tentait une légitime répara-ration envers la famille de Viéval, en inscrivant le nom de la petite fille du malheureux général, Mademoiselle Marie-Fran-çoise-Joséphine Le Bensais de Viéval, sur sa cassette person-nelle, pour une modeste rente. Lorsque nous en eûmes retrouvé le titre et que nous pûmes le lui offrir avec une vive impression d'émotion, cette vieille amie nous répondit : « J'ignorais que cette faveur m'eût été accordée ! Jamais je n'ai reçu quoi que ce soit ; la Révolution de Juillet avait anéanti toutes mes espérances et je ne soupçonnais même pas l'existence de ce brevet ! »

Hippolyte SAUVAGE.

V

CHARLES DE LA ROQUE DE CAHAN

Après les quatre victimes du Tribunal Révolutionnaire, qui appartenaient à la région de Mortain, nous devons faire mention de celles qui succombèrent dans les luttes militaires.

Fils du subdélégué de La Roque, dont nous avons déjà rappelé les malheurs, Charles-Eugène-Narcisse de La Roque de Cahan naquit à Mortain vers 1760, dans cet hôtel de la Planche-Majotin (1), qu'habita peu de temps son père, après qu'il eut succédé à Georges-Michel d'Amphernet, baron de Bures, disparu dans des circonstances mystérieuses.

Ainsi que son père, il fut d'abord page du roi. Remarqué par le comte d'Artois, il parcourut rapidement les premiers grades militai-res, et il était capitaine au régiment de Royal-Navarre, cavalerie, lorsqu'en 1789, à la veille de sa 30ᵉ année, il prit part aux élections pour les Etats-Généraux du bailliage de Mortain.

---

(1) C'est dans cette maison également qu'était né Léonor d'Am-phernet, dont nous parlerons bientôt.

Grâce aussi à la bienveillance de son protecteur princier, il avait
pu épouser l'une des filles du marquis de Chevrue, en 1774.

Il est bien positif que, cédant aux impulsions de ses beaux-
parents, il était parti des premiers avec eux pour l'émigration.
Mais tandis que M. de Chevrue se mettait aux ordres des princes
et des alliés de la coalition, où, d'après une lettre datée de
Coblentz, du 2 décembre 1792, « il s'était comporté au point
» d'exiger la reconnaissance des Princes et sur le point d'avoir
une place très brillante (1) », Charles de La Roque était bientôt
rentré en France, vers le 15 janvier 1795, acceptant un commandement dans l'armée royale, organisée sous les ordres de
Louis Frotté. Celui-ci avait reçu pleine autorisation d'emmener
avec lui, ou d'envoyer en Normandie, pour le seconder, quelques officiers de mérite : La Roque de Cahan, Gautier de Car-
ville, Belfond, La Rosière, d'Urville et Marguery.

Le premier d'entre eux avait même été recommandé à de
Frotté, par le comte d'Artois, d'une façon particulière telle,
que l'on avait cru que La Roque avait reçu des pouvoirs égaux
ou même supérieurs à ceux de son chef, ce qui était inexact. Le
prince ne lui avait pas délivré de commission, mais un certificat très flatteur, en se bornant à le recommander au Comité
royaliste.

« M. le comte de La Roque, disait-il, est né à Mortain, en
» Basse-Normandie. Ses terres sont situées aux confins de la
» province de Bretagne. Il connaît un grand nombre de royalistes
» dans son canton. Il sert le Roi depuis plus de vingt ans. Il
» nous a paru susceptible d'être employé utilement en renouant,
» s'il est possible, les fils de la coalition normande, dont il a
» été membre. Il a des talents militaires et la connaissance des
» détails nécessaires pour être employé comme major. Jersey,
» le 8 décembre 1794 (2). »

Du reste, Frotté qui avait débarqué sur les côtes de la France

---

(1) Lettre écrite par Mme Polinière au Président Levesque, son père,
et reconnue par elle, le 25 mai 1793. Archives Nationales. W. 46,
nº 3 042.

(2) Archives du Ministère de la Guerre. — De La Sicotière. Louis de
Frotté et les Insurrections normandes. T. I, p. 71, 72.

le 11 juin 1795, n'avait pas cru abuser des pouvoirs qu'il avait reçus en donnant à ses trois compagnons La Roque-Cahan, Belfond et La Rosière, qui tous avaient le même grade que lui avant d'émigrer, qui tous avaient le même dévouement et qui couraient les mêmes dangers, le même brevet qu'il avait reçu, c'est-à-dire le rang de maréchaux de camp. Il avait pensé qu'il était plus dans l'ordre et mieux dans l'intérêt général de la cause commune d'avoir des collègues plutôt que des subordonnés. Toutefois, cette égalité de grades avait de bien graves inconvénients que Frotté, dans ses rapports avec La Roque lui-même, ne devait pas tarder à ressentir. La hiérarchie du commandement est une nécessité de son fonctionnement, et plus tard, Frotté fut forcé d'en revendiquer les prérogatives. (1)

Dans ces conditions effectivement, et s'appuyant sur un crédit certain, de La Roque parut croire dès le début qu'il pourrait occuper le premier rang, et il avait des partisans pour l'appuyer. Il se mit aussitôt en relations directes avec quelques-uns des royalistes et des mécontents du voisinage ; il fit même venir de Caen une petite provision d'armes et de munitions, dont il pensait prendre ou garder la direction. Mais doux, poli, insinuant, il n'avait ni l'ardeur nécessaire pour entraîner les hommes, ni l'autorité qui exerce ou même dispute le commandement. Frotté, d'ailleurs, était seul porteur d'une lettre de *Monsieur* et d'instructions formelles devant l'accréditer auprès des royalistes de Normandie. Il prit donc ou reçut le commandement supérieur. La Roque, mécontent, se retira à Caen, d'où il ne tarda pas à revenir. Il accepta alors une place dans le conseil supérieur et le commandement spécial de la première division de l'armée. Il s'y comporta loyalement et bravement (2). De fait, La Roque fut toujours considéré par Frotté comme son commandant en second et comme son véritable chef d'Etat-Major (3).

Le général avait pour lui une estime parfaite, ainsi qu'on le voit par une lettre qu'il écrivait, en janvier 1795, au comte d'Oilliamson. Il lui faisait l'éloge de son nouvel auxiliaire dans

(1) **La Sicotière. id. T. I, p. 76.**
(2 **Moulin. Mémoires. — Médavy. Mémoires. — La Sicotière. T. I,** p. 107, 108.
(3) **La Sicotière. T. II, p. 7, 51, 124, 126.**

ces termes : « La Roque-Cahan a toutes les qualités réunies :
» zèle, bravoure, intelligence, honnêteté de caractère et de
» principes. Il paraît bien connaître son canton ; depuis long-
» temps il sollicite de passer en Normandie, et son dévouement
» mérite cette récompense. »

Ces détails que nous avons désiré rappeler, font connaître le
caractère et la considération dont jouissait Charles de La Roque
dans son entourage. Voyons-le maintenant à l'œuvre.

Bientôt avec l'aide de La Roque, qui connaissait parfaitement
le Bocage Normand, et qu'un chef vendéen appelle *le sage et le
prudent*, l'organisation royaliste marcha si rapidement qu'en
quelques mois, près de 1.800 hommes y étaient réunis dans les
trois districts de Mortain, de Vire et de Domfront. Ces forces
réunies, aux environs des forêts surtout, se reliaient aux Chouans
de la Mayenne et de la contrée de Fougères, en Bretagne. Avec
cette poignée de volontaires, de Frotté put tenir pendant près de
cinq années en échec une armée de près de dix mille soldats.

Lors de la pacification de La Mabilais, le 1ᵉʳ mai 1795, de
Frotté reçut des passeports pour se rendre au château de Flers,
près Domfront, avec La Rosière, Commarque et La Roque-
Cahan, afin d'y procéder au désarmement d'une partie de ses
troupes.

L'année suivante, après une reprise des hostilités, le 12 février
1796, La Roque fut envoyé en Angleterre, porteur d'une lettre
datée du quartier-général de Flers, et signée de tous les membres
du Conseil de l'armée royale, avec une mission de confiance
auprès du prince de Bouillon. En même temps, il recevait de
Frotté, le généralissime, une lettre pour le duc de Bourbon,
qu'il suppliait de lui envoyer quelques bons officiers. La Roque
devait en même temps faire au prince la description des pays
insurgés. Cette lettre, Frotté la terminait dans ces termes, à l'éloge
du porteur : « Quand on sert aussi bien que M. de La Roque
» les intérêts de son roi, on est digne de la confiance la plus
» illimitée des princes de la Maison de Bourbon. Il sera donc
» près de votre Altesse Sérénissime l'organe des sentiments des
» royalistes de cette province de Normandie et des miens parti-
» culièrement. — *Signé* : Louis DE FROTTÉ (1). »

---

(1) La Sicotière. T. I, p 399.

Une autre lettre, datée du quartier-général de La Mancel-
lière (1), le 3 mars 1796, et signée également de Frotté,
donne quelques autres détails sur « M. le comte de La Roque (2),
» mon ami et mon 1ᵉʳ chef divisionnaire, qui doit être maintenant
» en Angleterre, où je l'ai envoyé par Saint-Marcou, pour porter
» mes demandes réitérées au Ministre. Il doit revenir par Jersey. »
— Puis passant à un autre ordre d'idées, le signataire ajoute :
« Ce genre de guerre-ci ne ressemble à aucun autre. Il faut
» être vraiment militaire, gai, sans souci, jeune et vigoureux.
» Trop de sagesse nous siérait mal..... M. de La Roque com-
» mande quarante gentilshommes, dont le plus vieux a vingt
» ans, et le plus jeune, qui est mon frère, en a seize (3). »

A son retour d'Angleterre, Charles de La Roque signait, avec
les membres du conseil supérieur de l'armée catholique et royale
de Normandie, une lettre, datée du 1ᵉʳ avril 1796, qu'ils adres-
saient au comte de Puysaye (4).

Il n'est pas douteux que la 1ʳᵉ division, dont il était le chef
et le général, ne se soit trouvée mêlée à de nombreuses rencontres : nous ne sommes pas fixés sur leurs dates, ni sur leur
importance. Cependant, on sait que plusieurs petits combats
furent livrés par La Roque-Cahan aux environs de Domfront, et
qu'il y perdit quelques hommes (5). En cette qualité de commandant effectif, La Roque eut pour aides de camp, d'abord
Auguste Gaudin de Villaine (6), capitaine, qui eut un bras
cassé d'une balle, et ensuite Jean-Emmanuel de Cœurdoux, chef
de bataillon, qui reçut deux blessures et fut décoré plus tard,
sous la Restauration. La Sicotière. T. I, p. 398 ; T. II, p. 570.

Sa conduite énergique et pleine d'humanité en toutes circons-

(1) Canton d'Isigny, arrondissement de Mortain.
(2) Il signait toujours « Le Chevalier de La Roque, notamment
dans une apostille du 24 Juin, datée du camp du Boisgny, près de
Fougères, mais plus souvent encore Charles de La Roque. La Sicotière.
T. I. p. 289, 571.
(3) La Sicotière. T. I, p. 419 et 421.
(4) La Sicotière. Louis de Frotté. T. I, p. 457.
(5) La Sicotière. T. I, p. 503.
(6) Plus tard celui-ci devint maire de Savigny-le-Vieux jusqu'à sa
mort. Il fut le père de M. Sylvain de Villaine, colonel de cavalerie,
mort à Carcassonne, en 1848, et de M. Adrien de Villaine, général de
cavalerie, mort à Moulins, en 1876.

tances lui valut le brevet de colonel, que le comte d'Artois expédia au général de Frotté, à la date d'Edimbourg, le 1er septembre 1796, avec quatre croix de Saint-Louis, destinées à des officiers qui avaient reçu des blessures (1). De La Roque dût être flatté de recevoir cette haute marque de confiance ; mais évidemment il eût préféré de beaucoup une situation exempte des alternatives de luttes et de trèves qui se succédèrent à diverses reprises durant cette époque troublée.

Cependant, malgré une suspension d'armes, pendant l'hiver de 1796-1797, La Roque avait cru prudent de revenir dans sa division de Saint-Jean-des-Bois, au canton de Tinchebray, pour y relever l'esprit de résistance et d'union parmi ses anciens compagnons, inquiets de mouvements hostiles et de préparatifs incessants qui semblaient présager un retour prochain des hostilités. On était alors au cours du mois de mars 1797, et La Roque, qui déjà s'était retiré chez plusieurs de ses amis, était venu passer quelques jours chez Mme Guillouet de La Guionnière, veuve d'un ancien lieutenant de Roi ; mais il devait quitter bientôt cette retraite hospitalière pour aller chercher un asile plus sûr chez sa propre mère, à La Devinière, aux portes de Tinchebray.

Le 23 mars, au soir venu, lui et Martial Guillouet, le fils de son hôtesse, profitant de l'obscurité, se préparaient à partir et s'entretenaient ensemble, dans le jardin croyons-nous, lorsqu'un détachement de quarante hommes d'une colonne mobile armée, qui s'était embusquée sur le bord du chemin, faisant irruption, les somma de s'arrêter et s'empara d'eux sans résistance de leur part.

Emmenés aussitôt à Tinchebray, ainsi que Mme Guillouet, La Roque et Martial, son ami, entendirent prononcer par les autorités leur renvoi devant le directeur du jury de Domfront. Conduits tous les deux en prison, Martial Guillouet parvint à gagner le geôlier, pendant la nuit, et offrit à La Roque des moyens d'évasion. Celui-ci ne voulut jamais accepter.

« Nous sommes en trève, dit-il à son jeune compagnon, que » peuvent-ils me faire ? Me conduire à Domfront ? Eh bien, on » m'y relâchera ! — Il me répugne de m'évader ! — Vous,

---

(1) La Sicotiôro. T. II, p. 13.

» mon ami, retournez chez votre mère, et dites-lui que je
» reste (1). »

La Roque s'était mépris sur les sentiments de ses ennemis :
L'officier au cœur généreux et chevaleresque croyait trouver
chez les autres la loyauté dont il était pénétré !

Le lendemain matin, il partait sous escorte pour Domfront.
Mais à une demi-lieue de Tinchebray, le convoi composé de
six gardes nationaux, soit qu'il obéît à un mot d'ordre donné
à l'avance, comme on le crut généralement, soit qu'il n'é-
coutât que la haine politique, le fusilla sur le bord de la grande
route, dans l'avenue du château des Bourdeaux ou des Bor-
deaux. On simula une attaque du convoi en tirant quelques
coups de pistolet en l'air ; cette tactique fut assez commune
en ces temps.

C'était le 24 mars 1797 (2).

Tel est le récit adopté par La Sicotière. Il est basé sur le
rapport de La Noë, commandant de la garde nationale de Tinchebray, qui se trouve aux Archives du Ministère de la Guerre.
C'est une pièce probante et d'une sévérité historique incontes-
table, bien qu'elle ait pour but de disculper l'escorte qui accom-
pagnait La Roque : elle fut transmise à Paris, par le général
Dumesny, qui commandait à Domfront.

Le Ministre de la Guerre, en répondant à ce rapport, le 10
avril, fut moins indulgent que Dumesny et se servit de cette
locution : « Il est malheureux que le détachement ait été
» contraint d'en venir à cette extrémité ! » — Le Ministre était
évidemment dans la vérité, car enfin La Roque avait été passé
par les armes sans avoir été appelé devant un Conseil de guerre,
et sans la moindre sentence militaire, selon les règles les plus
classiques de la Société.

M. l'abbé Dumaine, aujourd'hui vicaire-général du diocèse
de Séez, tout en rappelant les mêmes résultats, donne une autre
version de ce drame. Il dit que « sans aucune forme régulière
» de jugement, l'escorte signifia au prisonnier sa sentence de

---

(1) M. l'abbé Dumaine, T. III, p. 316. — Comte de La Ferrière.
Hist. du canton d'Athis, p. 232, 233.
(2) Archives de la Guerre. — La Sicotière. T. II, p. 72, 73.

» mort, et que quelques instants après il tombait sous une dé-
» charge. L'infortuné gentilhomme avait été dénoncé, ajoute-il,
« puis jugé en comité de sûreté publique par trois bour-
» geois de Tinchebray. » L'historien donne même les noms de
ces justiciers, mais évidemment des bourgeois n'avaient aucune
qualité dans des circonstances aussi solennelles : il y avait dans
leur acte un véritable déni social, un acte de barbarie.

Il est certain que la mort de Charles de La Roque eut un
immense retentissement dans toute la Normandie.

Hippolyte SAUVAGE.

VI

LÉONOR-AMAND-CONSTANS D'AMPHERNET

Né à Mortain, le 20 novembre, 1747, Léonor-Amand-Constans d'Amphernet (1) doit être à tous titres revendiqué par nous,
bien que la plus grande partie de son existence se soit accomplie
en Bretagne.

Son père, Georges-Michel d'Amphernet, seigneur et patron
de Bures et de Bertot, remplissait à cette époque et jusqu'en
1760 les fonctions de subdélégué, en même temps que celle de
gouverneur de la ville de Mortain. On sait qu'il y habitait près
de l'une des anciennes portes de la cité, à la Planche-Majotin,
l'hôtel qu'occupent actuellement Mme Louis Josset et son fils,
M. Léonce Josset, contrôleur des contributions directes. Devenu
veuf de Jeanne-Marie-Julienne de La Broise de La Chevrenaye,

---

(1) Son acte de naissance lui donne les prénoms de Léonor et de
Constans. Nous pensons donc que c'est à tort que la *Généalogie de la
Maison d'Amphernet*, p. 41, lui a donné ceux de Eléonor et de
Constant, qui sont bien différents : celui de Eléonor est même
piutôt celui d'une femme, que l'on orthographie indifféremment avec
ou sans la lettre E De même il y a Constant et Constans au Calen-
drier. Léonor eut pour parrain Pierre de Chapdelaine, de la paroisse
de Sept-Frères, et pour marraine Demoiselle Madelaine d'Amphernet,
fille de Gabriel, baron de Pontbellenger. Etat-civil de la ville de
Mortain.

il avait épousé en secondes noces Jeanne-Poline du Gretz (1), fille de Philippe du Gretz, de Mont-Saint-Père, chevalier de Saint-Louis, et lieutenant des vaisseaux du roi.

Georges-Michel d'Amphernet, de son premier lit avait eu un fils, Gabriel-René-Georges, qui hérita de la maison de Mortain, et fut seigneur de Chancé, (2) à Romagny, du chef de sa grand'mère Marie-Geneviève Achard de Bouvouloir. De sa seconde union, il eut trois enfants, dont l'aîné fut Léonor Amand-Constans, sur lequel nous voulons attirer particulièrement l'attention en ce moment.

On donne à ce fils les qualités de baron d'Amphernet et de seigneur de Kermadéoha, en la paroisse de Kernevel, au diocèse de Quimper, en Basse-Bretagne. Il fut d'abord officier de cavalerie dans la garde ordinaire du Roi, compagnie d'ordonnance des gendarmes Bourguignons, commandée par son parent, le marquis de Colbert-Chabannais, maître de camp des armées de Sa Majesté Louis XVI. Ensuite il fut capitaine-commandant de la compagnie des Gardes-Côtes de Quimper, puis de celle de Rosporden, par commissions données à Versailles en 1767, signées Louis, et contresignées du duc de Choiseul.

Quelques années après, Léonor d'Amphernet épousa, le 21 mars 1774, Noëlle-Désirée Le Flo de Branho, qui devait lui survivre jusqu'en 1802. De ce mariage naquirent sept enfants : 1° Joseph-Marie-Amand ; 2° Aimé-Joseph ; 3° Charles-Marie-Constant; 4° Bonaventure-Augustin-Marie ; 5° Désirée-Josèphe-Charlotte ; 6° Antoine-Guy, et 7° Eléonor.

---

(1) Les uns lui donnent le prénom de Pauline, les autres celui d'Apoline.

(2) La famille d'Amphernet appartient plus spécialement à la contrée de Vire. Cependant, elle a possédé plusieurs fiefs dans le comté de Mortain. Outre Chancé, nous pouvons citer entre autres le riche domaine de Touchet, qui, après elle, a passé aux d'Ambray, qui ont compté parmi eux le chancelier du roi Louis XVIII. Brecey a appartenu aussi aux d'Amphernet, et c'est Françoise d'Amphernet qui le fit ériger en baronnie pour son fils Jacques de Vassy. L'une des paroisses de l'ancien comté de Mortain portait le nom de Saint-Christophe-d'Amphernet, en souvenir de cette famille. Aujourd'hui elle est englobée dans le canton de Tinchebray (Orne), et se trouve désignée sous le vocable de Saint-Christophe-de-Chaulieu.

Admis aux Etats de Bretagne, il y siégea dans l'ordre de la noblesse, en vertu d'un arrêt du Parlement, en date du 21 août 1786, qui l'avait reconnu et confirmé dans sa qualité de chevalier, comme issu d'ancienne noblesse, prouvée par filiation non interrompue depuis l'année 1280.

C'est avec ces antécédents là que d'Amphernet répondit à l'appel de la Vendée et de la Bretagne presqu'entières, lors du soulèvement de ces deux provinces contre le régime de la Terreur. Proclamé officier général dans les armées qui y furent constituées, il sut organiser promptement la résistance dans la contrée qu'il habitait, et dont il parlait la langue, aussi bien qu'il en connaissait les mœurs et la foi ardente. D'Amphernet fit de grands sacrifices pour sa cause ; mais il paya de sa vie son dévouement à la défense des intérêts religieux et monarchiques.

Après la rupture des conférences de la Prévalaye, près de Rennes (1), auxquelles il assistait avec les autres chefs royalistes, il fut arrêté à Rennes, puis transféré à Saint-Méen et déféré enfin à une commission militaire, siégeant à Quimper, par laquelle il fut condamné à être passé par les armes.

Léonor d'Amphernet subit la mort, le 9 janvier 1797, avec la foi et le courage sublime d'un chrétien et d'un vaillant soldat.

La relation très touchante et fort détaillée de sa fin a été rappelée par M. l'abbé Téphany (2). Le récit en fut dressé presque instantanément par le prêtre qui l'assista dans ses derniers moments et qui le transmit en Espagne à l'un de ses collègues, émigré dans ce pays. Bien qu'un peu théâtrales, les circonstances qui l'accompagnent sont tellement édifiantes et si glorieuses pour la religion qu'elles sont dignes d'être répétées ici. Le nom de son auteur ne nous est pas connu, mais, on peut le dire, lui aussi fut un homme courageux. Voici la lettre qu'il écrivit encore sous la première impression de ce drame émotionnant.

---

(1) Elles eurent lieu en 1795 entre Hoche et les Bretons insurgés.
(2) *Histoire de la persécution religieuse dans le diocèse de Quimper et Léon*, p. 378 et 379.

« Je dois vous rendre compte d'une cruelle nuit que je viens de passer ce 8 janvier.

» L'on m'a conduit de notre prison à la prison criminelle pour administrer les sacrements à M. d'Amphernet, condamné à mort pour avoir soutenu les droits du trône, méconnu la République et l'avoir regardée comme une autorité usurpée.

» Rendu au cachot, j'y ai trouvé M. d'Amphernet couché sur un grabat, les fers aux pieds, gai, riant et absolument résigné à la mort... Je le confesse trois fois dans la nuit. A six heures du matin, il se lève, malgré la pesanteur de ses fers, se prosterne à genoux et reçoit le bon Dieu ; le crucifix à la main, il prononce publiquement son action de grâces, de manière à faire pleurer tout le monde, même ses gardes. Il envisageait la mort comme le plus grand bienfait que Dieu pouvait lui accorder, comme le terme de ses maux et le commencement d'une éternité bienheureuse, heureux, disait-il, de mourir dans le sein de l'église catholique, apostolique et romaine.

» A sept heures, il écrit deux lettres, l'une à sa femme, l'autre à sa sœur. Il envoie à ses enfants deux oraisons à la Sainte Vierge, écrites de sa main, qu'il gardait sur lui......

» Il s'attendait à n'être passé par les armes qu'après midi. A neuf heures, on vint lui annoncer qu'on allait lui ôter ses fers ; il s'habille courageusement, se lève et marche pour sortir de sa chambre. Je le tenais par le bras pour l'aider à porter ses chaînes ; il m'embrasse.

» A l'instant arrivent ses enfants, au nombre de six, dont les plus âgés ont onze et douze ans ; une servante en portait un sur ses bras. Ces pauvres enfants se jettent à genoux devant leur père et lui demandent sa bénédiction.

» Dans un moment semblable, la nature parle puissamment, surtout au cœur d'un père ; les soldats sont attendris, les larmes coulent de toute part... Adieu, leur dit-il, mes enfants ! Je vous recommande votre mère ; obéissez-lui, aimez-la, ayez pour elle les soins que mérite une si digne mère ; aimez votre religion, ne l'abandonnez jamais ; pardonnez à vos ennemis comme je leur pardonne. Dieu m'avait fait votre père ; il m'avait donné, il m'ôte mes enfants !... Soyez-lui soumis.

» Oui, papa, s'écrie sa fille, en lui sautant au cou, nous le voulons !

» Il s'arrache des bras de ses enfants, sort de la chambre pour qu'on lui retire ses fers, essuie ses larmes, reprend son courage, rentre dans la chambre pour m'embrasser une seconde fois et marche à la mort !

» Il la reçoit debout, ne voulant ni se mettre à genoux, ni tourner le dos !

» Deux heures après, on me conduit chez sa femme occupée à rendre grâces à Dieu d'une mort qu'elle regardait comme bien précieuse ; on peut l'appeler la femme Forte. »

Généalogie de la famille d'Amphernet, 1891. — Chantrel. *Les Gentilshommes du bailliage de Vire*, 1862. — Brunet. *René d'Amphernet*, 1885. — L'abbé Téphany. *Histoire de la persécution religieuse dans le diocèse de Quimper et Léon*, 1879. — L'abbé Loth. *Histoire d'un confesseur de la foi*, 1886.

Hippolyte SAUVAGE.

Imprimerie Avranchinaise de Jules DURAND, rues Boudrie et Quatre-Œufs